Instructional Guides for **Literature**

El dragón de papá

A guide for the Spanish version of the book by Ruth Stiles Gannett
Great Works Author: Ashley Scott

Publishing Credits

Corinne Burton, M.A.Ed., *Publisher;* Conni Medina, M.A.Ed., *Managing Editor;* Emily R. Smith, M.A.Ed., *Content Director;* Robin Erickson, *Art Director;* Lee Aucoin, *Senior Graphic Designer;* Timothy J. Bradley, *Illustration Manager;* Caroline Gasca, M.S.Ed., *Editor;* Sam Morales, M.A., *Associate Editor;* Amber Goff, *Editorial Assistant;* Don Tran, *Graphic Designer;* Sandy Qadamani, *Graphic Designer*

Image Credits

Timothy J. Bradley (cover, pages 11–12, pages 61–63)

Standards

© Copyright 2010. National Governors Association Center for Best Practices and Council of Chief State School Officers. All rights reserved.

Shell Education
5301 Oceanus Drive
Huntington Beach, CA 92649-1030
www.tcmpub.com/shell-education
ISBN 978-1-4258-1753-4
© 2018 Shell Educational Publishing, Inc.

Printed by: **995**
Printed in: U.S.A.
PO#: PO10011

The classroom teacher may reproduce copies of materials in this book for classroom use only. The reproduction of any part for an entire school or school system is strictly prohibited. No part of this publication may be transmitted, stored, or recorded in any form without written permission from the publisher.

Table of Contents

How to Use This Literature Guide 4
    Theme Thoughts 4
    Vocabulary 5
    Analyzing the Literature 6
    Reader Response 6
    Guided Close Reading 6
    Making Connections 7
    Language Learning 7
    Story Elements 7
    Culminating Activity 8
    Comprehension Assessment 8
    Response to Literature 8

Correlation to the Standards 8
    Purpose and Intent of Standards 8
    How to Find Standards Correlations 8
    Standards Correlation Chart 9

About the Author—Ruth Stiles Gannett 11
    Possible Texts for Text Comparisons 11
    Cross-Curricular Connection 11

Book Summary of *My Father's Dragon* 12
    Possible Texts for Text Sets 12

Teacher Plans and Student Pages 13
    Pre-Reading Theme Thoughts 13
    Section 1: Chapters 1–2 14
    Section 2: Chapters 3–4 23
    Section 3: Chapters 5–6 32
    Section 4: Chapters 7–8 41
    Section 5: Chapters 9–10 50

Post-Reading Activities 59
    Post-Reading Theme Thoughts 59
    Culminating Activity: My Own Dragon 60
    Comprehension Assessment 64
    Response to Literature: Character Matters 66

Writing Paper 69

Answer Key 71

Introduction

How to Use This Literature Guide

Today's standards demand rigor and relevance in the reading of complex texts. The units in this series guide teachers in a rich and deep exploration of worthwhile works of literature for classroom study. The most rigorous instruction can also be interesting and engaging!

Many current strategies for effective literacy instruction have been incorporated into these instructional guides for literature. Throughout the units, text-dependent questions are used to determine comprehension of the book as well as student interpretation of the vocabulary words. The books chosen for the series are complex and are exemplars of carefully crafted works of literature. Close reading is used throughout the units to guide students toward revisiting the text and using textual evidence to respond to prompts orally and in writing. Students must analyze the story elements in multiple assignments for each section of the book. All of these strategies work together to rigorously guide students through their study of literature.

The next few pages describe how to use this guide for a purposeful and meaningful literature study. Each section of this guide is set up in the same way to make it easier for you to implement the instruction in your classroom.

Theme Thoughts

The great works of literature used throughout this series have important themes that have been relevant to people for many years. Many of the themes will be discussed during the various sections of this instructional guide. However, it would also benefit students to have independent time to think about the key themes of the book.

Before students begin reading, have them complete the *Pre-Reading Theme Thoughts* (page 13). This graphic organizer will allow students to think about the themes outside the context of the story. They'll have the opportunity to evaluate statements based on important themes and defend their opinions. Be sure to keep students' papers for comparison to the *Post-Reading Theme Thoughts* (page 59). This graphic organizer is similar to the pre-reading activity. However, this time, students will be answering the questions from the point of view of one of the characters in the book. They have to think about how the character would feel about each statement and defend their thoughts. To conclude the activity, have students compare what they thought about the themes before they read the book to what the characters discovered during the story.

How to Use This Literature Guide (cont.)

Vocabulary

Each teacher reference vocabulary overview page has definitions and sentences about how key vocabulary words are used in the section. These words should be introduced and discussed with students. Students will use these words in different activities throughout the book.

On some of the vocabulary student pages, students are asked to answer text-related questions about vocabulary words from the sections. The following question stems will help you create your own vocabulary questions if you'd like to extend the discussion.

- ¿De qué manera esta palabra describe la personalidad de _____?
- ¿De qué manera esta palabra se relaciona con el problema del cuento?
- ¿De qué manera esta palabra te ayuda a comprender el escenario?
- Dime de qué manera esta palabra se relaciona con la idea principal del cuento.
- ¿Qué imágenes te trae a la mente esta palabra?
- ¿Por qué crees que la autora usó esta palabra?

At times, you may find that more work with the words will help students understand their meanings and importance. These quick vocabulary activities are a good way to further study the words.

- Students can play vocabulary concentration. Make one set of cards that has the words on them and another set with the definitions. Then, have students lay them out on the table and play concentration. The goal of the game is to match vocabulary words with their definitions. For early readers or language learners, the two sets of cards could be the words and pictures of the words.

- Students can create word journal entries about the words. Students choose words they think are important and then describe why they think each word is important within the book. Early readers or language learners could instead draw pictures about the words in a journal.

- Students can create puppets and use them to act out the vocabulary words from the stories. Students may also enjoy telling their own character-driven stories using vocabulary words from the original stories.

Introduction

How to Use This Literature Guide (cont.)

Analyzing the Literature

After you have read each section with students, hold a small-group or whole-class discussion. Provided on the teacher reference page for each section are leveled questions. The questions are written at two levels of complexity to allow you to decide which questions best meet the needs of your students. The Level 1 questions are typically less abstract than the Level 2 questions. These questions are focused on the various story elements, such as character, setting, and plot. Be sure to add further questions as your students discuss what they've read. For each question, a few key points are provided for your reference as you discuss the book with students.

Reader Response

In today's classrooms, there are often great readers who are below average writers. So much time and energy is spent in classrooms getting students to read on grade level that little time is left to focus on writing skills. To help teachers include more writing in their daily literacy instruction, each section of this guide has a literature-based reader response prompt. Each of the three genres of writing is used in the reader responses within this guide: narrative, informative/explanatory, and opinion. Before students write, you may want to allow them time to draw pictures related to the topic. Book-themed writing paper is provided on pages 69–70 if your students need more space to write.

Guided Close Reading

Within each section of this guide, it is suggested that you closely reread a portion of the text with your students. Page numbers are given, but since some versions of the books may have different page numbers, the sections to be reread are described by location as well. After rereading the section, there are a few text-dependent questions to be answered by students. Working space has been provided to help students prepare for the group discussion. They should record their thoughts and ideas on the activity page and refer to it during your discussion. Rather than just taking notes, you may want to require students to write complete responses to the questions before discussing them with you.

Encourage students to read one question at a time and then go back to the text and discover the answer. Work with students to ensure that they use the text to determine their answers rather than making unsupported inferences. Suggested answers are provided in the answer key.

How to Use This Literature Guide (cont.)

Guided Close Reading (cont.)

The generic open-ended stems below can be used to write your own text-dependent questions if you would like to give students more practice.

- ¿Qué palabras del cuento respaldan...?
- ¿Qué texto te ayuda a entender...?
- Usa el libro para explicar por qué sucedió _____.
- Basándote en los sucesos del cuento, ¿...?
- Muéstrame la parte del texto que apoya...
- Usa el texto para explicar por qué...

Making Connections

The activities in this section help students make cross-curricular connections to mathematics, science, social studies, fine arts, or other curricular areas. These activities require higher-order thinking skills from students but also allow for creative thinking.

Language Learning

A special section has been set aside to connect the literature to language conventions. Through these activities, students will have opportunities to practice the conventions of standard English grammar, usage, capitalization, and punctuation.

Story Elements

It is important to spend time discussing what the common story elements are in literature. Understanding the characters, setting, plot, and theme can increase students' comprehension and appreciation of the story. If teachers begin discussing these elements in early childhood, students will more likely internalize the concepts and look for the elements in their independent reading. Another very important reason for focusing on the story elements is that students will be better writers if they think about how the stories they read are constructed.

In the story elements activities, students are asked to create work related to the characters, setting, or plot. Consider having students complete only one of these activities. If you give students a choice on this assignment, each student can decide to complete the activity that most appeals to him or her. Different intelligences are used so that the activities are diverse and interesting to all students.

How to Use This Literature Guide (cont.)

Culminating Activity

At the end of this instructional guide is a creative culminating activity that allows students the opportunity to share what they've learned from reading the book. This activity is open ended so that students can push themselves to create their own great works within your language arts classroom.

Comprehension Assessment

The questions in this section require students to think about the book they've read as well as the words that were used in the book. Some questions are tied to quotations from the book to engage students and require them to think about the text as they answer the questions.

Response to Literature

Finally, students are asked to respond to the literature by drawing pictures and writing about the characters and stories. A suggested rubric is provided for teacher reference.

Correlation to the Standards

Shell Education is committed to producing educational materials that are research and standards based. As part of this effort, we have correlated all of our products to the academic standards of all 50 states, the District of Columbia, the Department of Defense Dependents Schools, and all Canadian provinces.

Purpose and Intent of Standards

Standards are designed to focus instruction and guide adoption of curricula. Standards are statements that describe the criteria necessary for students to meet specific academic goals. They define the knowledge, skills, and content students should acquire at each level. Standards are also used to develop standardized tests to evaluate students' academic progress. Teachers are required to demonstrate how their lessons meet standards. Standards are used in the development of all of our products, so educators can be assured they meet high academic standards.

How To Find Standards Correlations

To print a customized correlation report of this product for your state, visit our website at http://www.shelleducation.com and follow the online directions. If you require assistance in printing correlation reports, please contact our Customer Service Department at 1-877-777-3450.

Correlation to the Standards

Standards Correlation Chart

The lessons in this guide were written to support today's college and career readiness standards. This chart indicates which sections of this guide address which standards.

College and Career Readiness Standards	Section
Read closely to determine what the text says explicitly and to make logical inferences from it; cite specific textual evidence when writing or speaking to support conclusions drawn from the text.	Analyzing the Literature Sections 1–5; Guided Close Reading Sections 1–5
Determine central ideas or themes of a text and analyze their development; summarize the key supporting details and ideas.	Analyzing the Literature Sections 1–5; Guided Close Reading Sections 1–5; Post-Reading Theme Thoughts
Analyze how and why individuals, events, or ideas develop and interact over the course of a text.	Analyzing the Literature Sections 1–5; Guided Close Reading Sections 1–5; Story Elements Sections 1–4; Post-Reading Theme Thoughts
Interpret words and phrases as they are used in a text, including determining technical, connotative, and figurative meanings, and analyze how specific word choices shape meaning or tone.	Vocabulary Sections 1–5, Making Connections Section 5
Analyze the structure of texts, including how specific sentences, paragraphs, and larger portions of the text (e.g., a section, chapter, scene, or stanza) relate to each other and the whole.	Post-Reading Response to Literature
Read and comprehend complex literary and informational texts independently and proficiently.	Entire Unit
Write arguments to support claims in an analysis of substantive topics or texts using valid reasoning and relevant and sufficient evidence.	Reader Response Section 3; Story Elements Section 4
Write informative/explanatory texts to examine and convey complex ideas and information clearly and accurately through the effective selection, organization, and analysis of content.	Reader Response Sections 1, 5
Write narratives to develop real or imagined experiences or events using effective technique, well-chosen details and well-structured event sequences.	Reader Response Sections 1, 4; Story Elements Sections 3; Language Learning Section 2; Making Connections Sections 4–5

Correlation to the Standards (cont.)

Standards Correlation Chart (cont.)

College and Career Readiness Standards	Section
Produce clear and coherent writing in which the development, organization, and style are appropriate to task, purpose, and audience.	Making Connections Section 1; Story Elements Sections 2–5; Reader Response Sections 1–5
Demonstrate command of the conventions of standard English grammar and usage when writing or speaking.	Reader Response Sections 1–5; Language Learning Sections 1–2, 4–5
Demonstrate command of the conventions of standard English capitalization, punctuation, and spelling when writing.	Reader Response Sections 1–5; Language Learning Sections 3
Determine or clarify the meaning of unknown and multiple-meaning words and phrases by using context clues, analyzing meaningful word parts, and consulting general and specialized reference materials, as appropriate.	Vocabulary Sections 1–5
Demonstrate understanding of figurative language, word relationships, and nuances in word meanings.	Language Learning Section 4
Acquire and use accurately a range of general academic and domain-specific words and phrases sufficient for reading, writing, speaking, and listening at the college and career readiness level; demonstrate independence in gathering vocabulary knowledge when encountering an unknown term important to comprehension or expression.	Vocabulary Sections 1–5

Introduction

About the Author—Ruth Stiles Gannett

Ruth Stiles Gannett was born on August 12, 1923, in New York City. As a child, Gannett spent most of her summers in Connecticut where she entertained herself writing and creating. She went to the City and Country School in Greenwich Village, where she benefited from being encouraged to write for fun during the day.

Later in her childhood, Gannett left New York City to attend a Quaker boarding school in Newton, Pennsylvania. Eventually, she attended Vassar College where she studied chemistry. Upon graduation, Gannett worked in the medical research field at both Boston College Hospital and the Massachusetts Institute of Technology. She married artist and calligrapher Peter Kahn. They had seven daughters.

In 1946, while between jobs, Gannett wrote *My Father's Dragon* mostly as a way to pass time and with no intention of publishing it. With the encouragement of her daughters and after a chance encounter with an editor at Random House, *My Father's Dragon* was accepted for publication. *My Father's Dragon* became a family effort when Gannett's stepmother illustrated the novel and her husband chose the font type. The book became an immediate success and even won a Newbery Honor. It took first place in book festivals in 1948 and 1949 and has since been translated into 10 languages. Gannett went on to write two sequels to *My Father's Dragon—Elmer and the Dragon* and *The Dragons of Blueland*. All three of these beloved children's books have been in continuous print since their inception. Gannett also wrote two more books, *Katie and the Sad Noise* and *The Wonderful House-Boat-Train*.

Gannett credits her happy childhood as inspiration for her story ideas. She now has many grandchildren and is retired and living in New York State, where she is able to practice her beloved hobbies of spinning and dyeing.

Possible Texts for Text Comparisons

There are two other books in this Ruth Stiles Gannett series: *Elmer and the Dragon* and *The Dragons of Blueland*. *Katie and the Sad Noise* and *The Wonderful House-Boat-Train* may also be used for enriching text comparisons by the same author.

Cross-Curricular Connection

This book can be used in a science unit on the study of animal habitats or in a social studies unit on map skills.

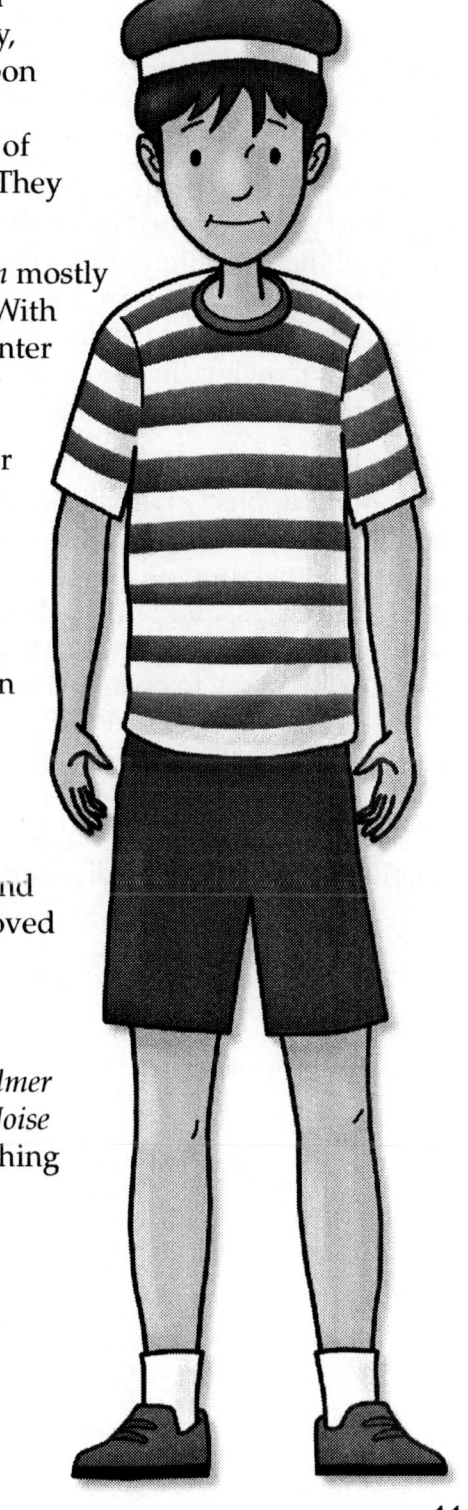

Introduction

Book Summary of *My Father's Dragon*

My Father's Dragon is the story of a little boy named Elmer Elevator who goes on an exciting journey to rescue a dragon from an island filled with lazy but ferocious animals. The story begins with Elmer befriending a stray cat. Elmer's mother yells at him to get rid of the cat. Upset and sad, Elmer takes a walk with the cat. While walking, they begin talking and Elmer reveals that he has always dreamed of flying. The cat tells Elmer about a baby dragon who is held captive on a mysterious island. The baby dragon fell from a cloud to Wild Island, where a group of animals tied him to a stake. They force him to serve as a ferry, flying all the lazy animals across a wide river. The cat tells Elmer that if he frees the dragon, the dragon will be so grateful to Elmer for rescuing him that he will offer to fly Elmer anywhere he wants to go.

Elmer and the cat begin to plot his upcoming journey and the supplies needed for his adventure. Elmer must make the trip alone as the cat is too old to travel that far. Elmer hides on board a ship that takes him to the Island of Tangerina. Once he arrives, Elmer travels to Wild Island, which is connected to Tangerina by a rock bridge. Following the cat's advice, Elmer is careful not to travel during daylight.

Elmer consistently finds himself stumbling upon charismatic jungle animals. Each animal is intent on causing harm to Elmer, but due to his ingenuity, resourcefulness, and bravery Elmer is able to play upon each animal's character flaw and devise a way to escape. Elmer is always one step ahead of the wild pack of beasts that pursues him. The reader is continuously amazed and amused by Elmer's quick wit and use of his unique bag of supplies. Eventually, Elmer is able to reach the dragon.

Possible Texts for Text Sets

- Calhoun, Mary. *Cross-Country Cat*. Mulberry Books, 1986.
- Prelutsky, Jack. *The Dragons Are Singing Tonight*. Greenwillow Books, 1998.
- Seabrooke, Brenda. *The Dragon That Ate Summer*. Putnam Juvenile, 1992.
- Thomson, Sarah L. *Dragon's Egg*. Greenwillow Books, 2010.

Nombre _____ Fecha _____

Introducción

Prelectura: pensamientos sobre el tema

Instrucciones: Para cada afirmación, dibuja una carita feliz o una carita triste. La carita debe mostrar lo que piensas de cada afirmación. Luego, usa palabras para explicar por qué piensas de esa manera.

Afirmación	¿Qué piensas?	Explica tu respuesta.
Ayudar a los demás es muy importante.		
Hacer que los demás hagan tu trabajo es justo.		
Si tienes miedo, no eres valiente.		
Es mejor resolver los problemas con inteligencia que con violencia.		

Teacher Plans—Section 1
Chapters 1–2

Vocabulary Overview

Key words and phrases from this section are provided below with definitions and sentences about how the words are used in the story. Introduce and discuss these important vocabulary words with students. If you think these words or other words in the story warrant more time devoted to them, there are suggestions in the introduction for other vocabulary activities (page 5).

Palabra	Definición	Oración sobre el texto
agradeceré (c. 1)	daré gracias por algo que se hizo	El gato **agradecerá** a Elmer porque lo ayuda.
sótano (c. 1)	espacio de un edificio que está por debajo del nivel de la calle	El **sótano** donde el gato toma leche es oscuro.
habitada (c. 1)	que viven allí	La isla está **habitada** por animales salvajes.
zarpó (c. 1)	salió de donde estaba	Antes de poder embarcar, el barco **zarpó** sin el gato.
engorro (c. 2)	un obstáculo; algo que es una molestia	Es un **engorro** tener que rodear el río por tierra.
poste (c. 2)	un madero que se entierra parcialmente	El dragón es atado a un **poste** para prevenir que se escape.
descartado (c. 2)	eliminado	El gato no iba; eso quedaba **descartado** porque era demasiado viejo.
mochila (c. 2)	bolsa para ser cargada a la espalda	Elmer lleva una **mochila** con útiles a la isla Salvaje.
muelle (c. 2)	lugar de un puerto donde se atan los barcos	El barco está en el **muelle** cuando Elmer aborda.
pasarela (c. 2)	puente temporal por el que se llega a un barco	Elmer corre y cruza la **pasarela** para subir al barco.

Nombre _____ Fecha _____

Capítulos 1-2

Actividad del vocabulario

Instrucciones: Elige al menos dos palabras del texto. Haz un dibujo que muestre qué significan esas palabras. Rotula tu imagen.

Palabras del cuento

agradeceré	sótano	habitada	zarpó	engorro
poste	descartado	mochila	muelle	pasarela

Instrucciones: Responde esta pregunta.

1. ¿Qué isla estaba **habitada** por los animales?

_____

Teacher Plans—Section 1
Chapters 1–2

Analyzing the Literature

Provided below are discussion questions you can use in small groups, with the whole class, or for written assignments. Each question is written at two levels so that you can choose the right question for each group of students. For each question, a few key points are provided for your reference as you discuss the book with students.

Story Element	Level 1 Questions for Students	Level 2 Questions for Students	Key Discussion Points
Setting	¿Cómo cruzan los animales el río ancho que divide la isla en dos?	Describe el efecto que tiene el río sobre los animales.	The river is long and almost divides the island in half. The animals have to walk around the river to get to the other side of the island. They are too lazy to do this so they get the dragon to fly them across.
Plot	¿Qué problema tiene el dragón que lo hace tan desdichado?	Explica los múltiples problemas del cuento hasta ahora.	The dragon is held captive on the island by the other animals. He is forced to fly the animals across the river so they do not have to walk around it. Elmer has a problem with wanting things but being too young for them. The cat has a problem in the beginning with being homeless and hungry.
Plot	¿Por qué Elmer y el gato mantienen el viaje en secreto?	¿Cómo se habría visto afectado el cuento si el plan del viaje secreto se hubiera descubierto?	Elmer's mom does not like him taking care of the alley cat. She would have been very upset had she found out Elmer is planning to rescue a dragon. Elmer would have had to stay home and the dragon would continue to be held captive.
Character	¿Por qué no se pone triste Elmer con la idea de escaparse de casa?	Proporciona evidencias del libro para fundamentar la razón por la que a Elmer no le da tristeza escaparse de casa.	Elmer's mother does not want to help the cat, and she becomes very angry with Elmer. He runs away to escape his own miserable life at home. Students may make the connection that Elmer identifies with the dragon, which is why he wants to help the dragon escape.

Nombre _____ Fecha _____

Capítulos 1-2

Reflexión del lector

Piensa

Piensa en un momento en el que hayas cuidado a un amigo, a un miembro de tu familia o un animal.

Tema de escritura narrativa

Elmer cuida el gato al darle comida y agua. Describe una ocasión en la que cuidaste a una persona o un animal.

_____
_____
_____
_____
_____
_____
_____
_____
_____
_____

Capítulos 1-2

Nombre _____ Fecha _____

Lectura enfocada guiada

Lee con atención el párrafo hacia el final del capítulo 2 que empieza con: "Como tenían que mantener el plan en secreto…". Este párrafo enumera los artículos que llevó Elmer en la mochila.

Instrucciones: Piensa en estas preguntas. En los espacios, escribe ideas o haz dibujos mientras piensas. Prepárate para compartir tus respuestas.

❶ Elige al menos cuatro artículos de la lista. Basándote en el cuento, ¿cómo crees que Elmer utilizará estos artículos durante su viaje?

❷ ¿De qué manera esta lista respalda la idea de que Elmer es valiente?

❸ ¿Qué artículos llevarías tú para una aventura en una isla salvaje?

Nombre _____ Fecha _____

Capítulos 1-2

Relacionarse: ¡un estuche de monerías!

Instrucciones: Elmer mete en su mochila suministros que cree que serán útiles en la isla. A continuación hay una lista de los artículos que empaca Elmer. Usa estos artículos para escribir al menos tres problemas de planteo. Se ha dado un ejemplo como referencia.

- 7 chicles
- 1 cepillo de dientes
- 1 navaja
- 1 brújula
- 2 botas de agua negras
- 25 sándwiches
- 1 peine
- 6 manzanas
- un paquete de 17 gomas elásticas
- 7 cintas para el pelo
- 1 tubo de pasta de dientes
- 1 cepillo
- 6 lupas
- 1 saco de cereales vacío
- 24 piruletas de color rosa
- 2 cambios de ropa limpia

1. Elmer coloca el peine, el cepillo y las siete cintas para el pelo en el saco de cereales vacío. ¿Cuántos artículos hay en el saco?

2. _____

3. _____

4. _____

© Shell Education 51753—Instructional Guide: El dragón de papá

Capítulos 1-2

Nombre _____ Fecha _____

Aprendizaje del lenguaje: adjetivos

Instrucciones: Tanto los animales como Elmer necesitan al dragón. Entonces, el dragón es un personaje importante en el cuento. Llena el recuadro con imágenes y adjetivos que describan al dragón. Asegúrate de incluir detalles sobre la apariencia y la personalidad del dragón. Usa colores para que tu imagen resalte.

¡Pistas del lenguaje!

- Los adjetivos describen a los sustantivos.
- Tipos de adjetivos comunes: colores, números, sonidos, formas y estados del tiempo

Nombre _____ Fecha _____

Elementos del texto: personaje

Instrucciones: El gato callejero conoce a Elmer cuando tiene mucha hambre. El gato ha viajado mucho. Escribe un cuento que describa una aventura que el gato pueda haber tenido antes de conocer a Elmer.

_____

_____

_____

_____

_____

_____

_____

_____

_____

_____

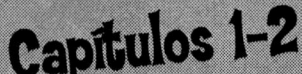

Elementos del texto: escenario

Instrucciones: Observa el mapa de la isla Salvaje que se encuentra en la página anterior al capítulo 2. Usándolo como guía, crea un mapa de tu propia isla. Debe ser parecido a la isla Salvaje en cierto sentido. Tu mapa debe mostrar plantas, animales y accidentes geográficos.

Teacher Plans—Section 2 Chapters 3-4

Vocabulary Overview

Key words and phrases from this section are provided below with definitions and sentences about how the words are used in the story. Introduce and discuss these important vocabulary words with students. If you think these words or other words in the story warrant more time devoted to them, there are suggestions in the introduction for other vocabulary activities (page 5).

Palabra	Definición	Oración sobre el texto
carga (c. 3)	bienes llevados por un barco	Elmer se esconde en el barco cerca de la **carga**.
comerciante (c. 3)	una persona que vende bienes o servicios	El **comerciante** no se da cuenta de que Elmer se haya escondido en un saco.
puntual (c. 3)	que llega a tiempo	El comerciante es **puntual** y nunca llega tarde a cenar.
rugido (c. 3)	un gran ruido	Elmer escucha el **rugido** de una ballenita que dormía.
estrecha (c. 4)	lo opuesto de ancha; angosta y delgada	Nace la selva justo detrás de la **estrecha** playa.
húmeda (c. 4)	un poco mojada	La arena de la playa es **húmeda**.
solemnes (c. 4)	serios	Los animales se ponen **solemnes** cuando piensan que alguien ha invadido su isla.
invasión (c. 4)	entrada injusta a un área	Un ratón es el primero en notar la **invasión** de Elmer a la isla.
extraordinaria (c. 4)	muy inusual o notable	El ratón cree que Elmer es una roca **extraordinaria**.
fiar (c. 4)	confiar en alguien	Los otros animales piensan que los ratones son de poco **fiar**.

Capítulos 3-4

Nombre _____ Fecha _____

Actividad del vocabulario

Instrucciones: Traza líneas para unir las oraciones.

Comienzos de las oraciones	Finales de las oraciones
Elmer se va de viaje	por lo que el comerciante es un hombre puntual.
Mientras se acerca Elmer a la isla Salvaje,	hablan de la posibilidad de un intruso en la isla.
Nunca llega tarde a una cita importante,	a causa del gato extraordinario.
Al ratón se le considera de poco fiar,	el rugido de los ronquidos de la ballenita se hace más fuerte.
Solemnes y nerviosos, los animales	así que los animales no le creen.

Instrucciones: Responde esta pregunta.

1. ¿Por cuál **invasión** se preocupan los animales?

_____

_____

Analyzing the Literature

Provided below are discussion questions you can use in small groups, with the whole class, or for written assignments. Each question is written at two levels so you can choose the right question for each group of students. For each question, a few key points are provided for your reference as you discuss the book with students.

Story Element	Level 1 Questions for Students	Level 2 Questions for Students	Key Discussion Points
Setting	¿Qué recurso importante encuentra Elmer al despertarse bajo un árbol el primer día?	¿De qué manera juegan un papel importante las mandarinas en los capítulos 3 y 4?	Elmer wakes up under a tangerine tree. He realizes he can pack some tangerines to use as food. However, Elmer leaves peels around and that alerts the animals that someone may be on the island.
Character	¿Qué importante lección aprende Elmer después de oír hablar a los jabalíes?	¿Cómo crees que cambiará sus costumbres Elmer ahora que los animales sospechan que hay un intruso?	Elmer leaves behind tangerine peels as he walks to the river. Elmer now will pick up his tangerine peels and be mindful not to leave any other obvious clues behind.
Plot	Elmer escucha a los jabalíes hablar de él. ¿Cómo crees que reaccionarán los demás animales ante él?	Basándote en la manera en la que los jabalíes reaccionan ante la idea de un intruso, ¿cómo crees que tratarán a Elmer los demás animales?	The animals are very upset and concerned that there is someone new on their island. Any animals Elmer comes across will most likely not be kind to him.
Character	¿Qué piensan los demás animales de los ratones?	¿Por qué piensas que los jabalíes consideran que el ratón es de poco fiar?	The other animals believe mice are unreliable. Students can infer that this mouse has been wrong or has lied in the past. Also, the way that the mouse messes up his words makes him seem like an incompetent, silly character.

Capítulos 3-4

Nombre _____ Fecha _____

Reflexión del lector

Piensa

Piensa en un momento en el cual hayas tenido miedo o hayas sentido nervios debido a una nueva aventura.

Tema de escritura informativa/explicativa

Describe lo que haces cuando tienes miedo o sientes nervios. ¿Qué pasos realizas para sentirte mejor?

_____
_____
_____
_____
_____
_____
_____
_____
_____
_____

Nombre _____ Fecha _____

Capítulos 3-4

Lectura enfocada guiada

Lee con atención desde el momento en que los animales notan señas de una invasión en el capítulo 4. Sigue leyendo hasta el final del capítulo.

Instrucciones: Piensa en estas preguntas. En los espacios, escribe ideas o haz dibujos mientras piensas. Prepárate para compartir tus respuestas.

❶ Usa el texto para buscar las dos cosas escalofriantes que le sucedieron a Elmer.

❷ ¿Qué dice uno de los jabalíes que demuestra que se cree el animal más inteligente?

❸ Usa el libro para averiguar por qué continúa Elmer y no regresa a casa en ese momento.

Capítulos 3-4

Nombre _____ Fecha _____

Relacionarse: ¿cuál es tu negocio?

Instrucciones: Imagina que eres un comerciante igual al del capítulo 3. Tu negocio ofrece una variedad de bienes y servicios. Clasifica cada artículo en la columna de los bienes o de los servicios. Agrega tus propias ideas de un bien y un servicio en la última hilera.

Un **bien** es un artículo que se fabrica. Cuando un negocio fabrica zapatos, ropa o un libro, vende un bien.

Un **servicio** es cuando un negocio hace algo para un cliente. Algunos ejemplos de servicios son cortar el pasto, cortar el pelo y hacer limpieza de dientes.

trigo	embarcar un barco	mandarinas	entregar sacos
arándanos	hornear pan	cultivar maíz	pesca

Bienes	Servicios

Nombre _____ Fecha _____

Capítulos 3–4

Aprendizaje del lenguaje: escribir cartas amistosas

Instrucciones: Imagínate que eres Elmer y has estado escondiéndote en la bodega del barco por seis días y seis noches. Escríbele a un amigo una carta que describa tus pensamientos y emociones mientras te acercas a la isla.

¡Pistas del lenguaje!

- Usa dos puntos y aparte después del saludo.
- Usa una coma después de la despedida.

Capítulos 3-4

Nombre _____ Fecha _____

Elementos del texto: escenario

Instrucciones: Piensa en los capítulos 3 y 4 como ayuda para completar el siguiente diagrama de Venn. Compara la isla Salvaje y la isla Mandarina. Asegúrate de incluir al menos tres detalles del texto para mostrar en qué se parecen y en qué se diferencian las islas.

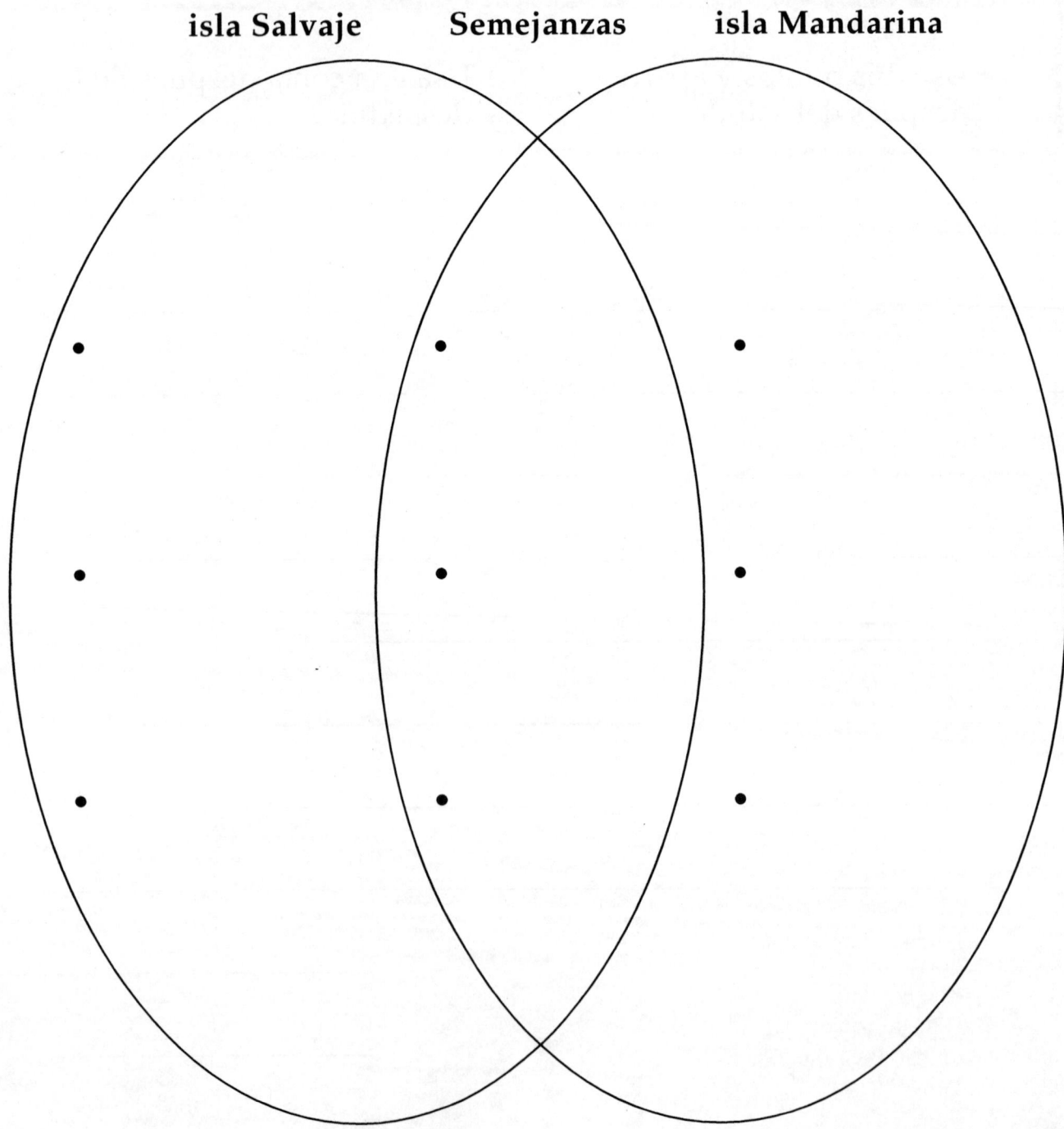

Nombre _____ Fecha _____

Capítulos 3-4

Elementos del texto: trama

Instrucciones: Elmer tiene muchas aventuras en estos dos capítulos: dormir en un barco, pisar una ballena. Crea una lista de cinco cosas que le suceden a Elmer en su viaje hacia el río. Recorta cada suceso. Luego, dáselos a un amigo para que los pegue en el orden en el que suceden en el libro. Revisa el trabajo de tu amigo.

Teacher Plans—Section 3
Chapters 5–6

Vocabulary Overview

Key words and phrases from this section are provided below with definitions and sentences about how the words are used in the story. Introduce and discuss these important vocabulary words with students. If you think these words or other words in the story warrant more time devoted to them, there are suggestions in the introduction for other vocabulary activities (page 5).

Palabra	Definición	Oración sobre el texto
lúgubre (c. 5)	con poca luz y triste	Como los árboles altos bloqueaban los rayos del sol, la jungla era **lúgubre**.
tupida (c. 5)	que los árboles están muy juntos	La selva es **tupida** con árboles y helechos.
orilla (c. 5)	límite de la tierra	Era más fácil que Elmer avanzara por la **orilla** del río que por la selva.
claro (c. 5)	lugar dentro de un bosque que no tiene árboles	Por fin Elmer llegó a un **claro** entre los árboles.
lleva la contraria (c. 5)	hace lo opuesto	Elmer no quiere **llevarle la contraria** a un tigre hambriento.
escaseaba (c. 5)	faltaba	El chicle **escaseaba** en la isla.
sospechar (c. 6)	imaginar algo	Los jabalíes empiezan a **sospechar** que algo sucede en la isla.
vadeó (c. 6)	caminó por agua no muy profunda	Elmer **vadeó** una charquita en donde estaba sentado el rinoceronte.
agachaba (c. 6)	inclinaba	Elmer se **agachaba** en el arroyo cuando el rinoceronte lo vió.
penumbra (c. 6)	sombra débil	Costaba ver el cuerno en la **penumbra** de la selva.

Nombre _____ Fecha _____

Capítulos 5-6

Actividad del vocabulario

Instrucciones: Cada oración contiene una palabra del texto. Recorta las tiritas con oraciones. Pon las oraciones en orden basándote en los sucesos del cuento.

Los tigres están masticando chicle, así que los animales **sospechan** que hay una invasión.

La **penumbra** de la selva impide que el rinoceronte vea su cuerno.

Elmer camina por la **orilla** del río.

Elmer **vadea** una charquita sin saber lo que hay dentro.

Siete tigres rodean a Elmer mientras está en un **claro**.

La selva es demasiado **tupida** como para pasar con facilidad.

Teacher Plans—Section 3
Chapters 5–6

Analyzing the Literature

Provided below are discussion questions you can use in small groups, with the whole class, or for written assignments. Each question is written at two levels so you can choose the right question for each group of students. For each question, a few key points are provided for your reference as you discuss the book with students.

Story Element	Level 1 Questions for Students	Level 2 Questions for Students	Key Discussion Points
Setting	¿Qué obstáculos enfrenta Elmer mientras camina por el río?	Describe la caminata de Elmer hasta cuando se encuentra con los tigres.	The riverbank is very muddy and swampy. It is hard to see through the dense jungle. Elmer struggles to walk and trips on tree roots.
Character	¿Cómo describirías a los tigres y al rinoceronte?	¿Qué aprendemos sobre los animales gracias a la manera en que Elmer engaña a los tigres y al rinoceronte?	The tigers are greedy because they want more chewing gum. Rhinoceros is vain and focused on making his tusk become white and beautiful. Both animals could be silly for falling for such simple tricks.
Character	¿Cómo reaccionan los jabalíes después de ver al rinoceronte?	¿Qué texto nos informa cómo se sienten los jabalíes después de ver al rinoceronte?	The boars are angry and confused. They don't like that there is something disrupting all the other animals on Wild Island.
Plot	¿Cuáles dos problemas enfrenta Elmer en estos capítulos?	Describe los dos problemas que enfrenta Elmer así como sus soluciones.	The tigers want to eat Elmer. He tricks them by offering them chewing gum, which is a treat for them. Rhinoceros is upset over his ugly, yellow tusk. Elmer offers Rhinoceros a toothbrush and toothpaste to brighten his tusk.

Nombre _____ Fecha _____

Capítulos 5–6

Reflexión del lector

Piensa

Piensa en lo que sabes acerca de los tigres y los rinocerontes.

Tema de escritura de opinión

¿Preferirías toparte con un tigre o con un rinoceronte? Si tuvieras que enfrentar a uno de estos animales, ¿con cuál preferirías encontrarte?

_____
_____
_____
_____
_____
_____
_____
_____
_____
_____

Capítulos 5-6

Nombre _____ **Fecha** _____

Lectura enfocada guiada

Lee con atención el comienzo del capítulo 5. Esta sección describe la excursión de Elmer por la selva. Detente cuando dice: "alguien se reía de él".

Instrucciones: Piensa en estas preguntas. En los espacios, escribe ideas o haz dibujos mientras piensas. Prepárate para compartir tus respuestas.

❶ ¿Qué palabras del cuento describen lo que es difícil de esta parte del viaje de Elmer?

❷ Usa palabras del texto para describir cómo Elmer navega a lo largo de la selva.

❸ ¿Qué detalles de este escenario apoyan la idea de que Elmer es decidido?

Nombre _____ Fecha _____

Capítulos 5-6

Relacionarse: ¡hora de cenar!

Los tigres quieren comerse a Elmer. Lee acerca de los nombres que reciben los animales según lo que comen.

- Los animales que comen carne se llaman **carnívoros**. Tienen dientes muy afilados para poder morder la carne.
- Los animales que comen plantas se llaman **herbívoros**. Tienen dientes planos para triturar las plantas.
- Los animales que comen plantas y animales se llaman **omnívoros**. Los omnívoros tienen dientes afilados y planos.

Instrucciones: Dibuja una comida en cada uno de los platos que haga feliz a cada animal. Tu comida debe incluir al menos tres alimentos. Asegúrate de rotular cada alimento.

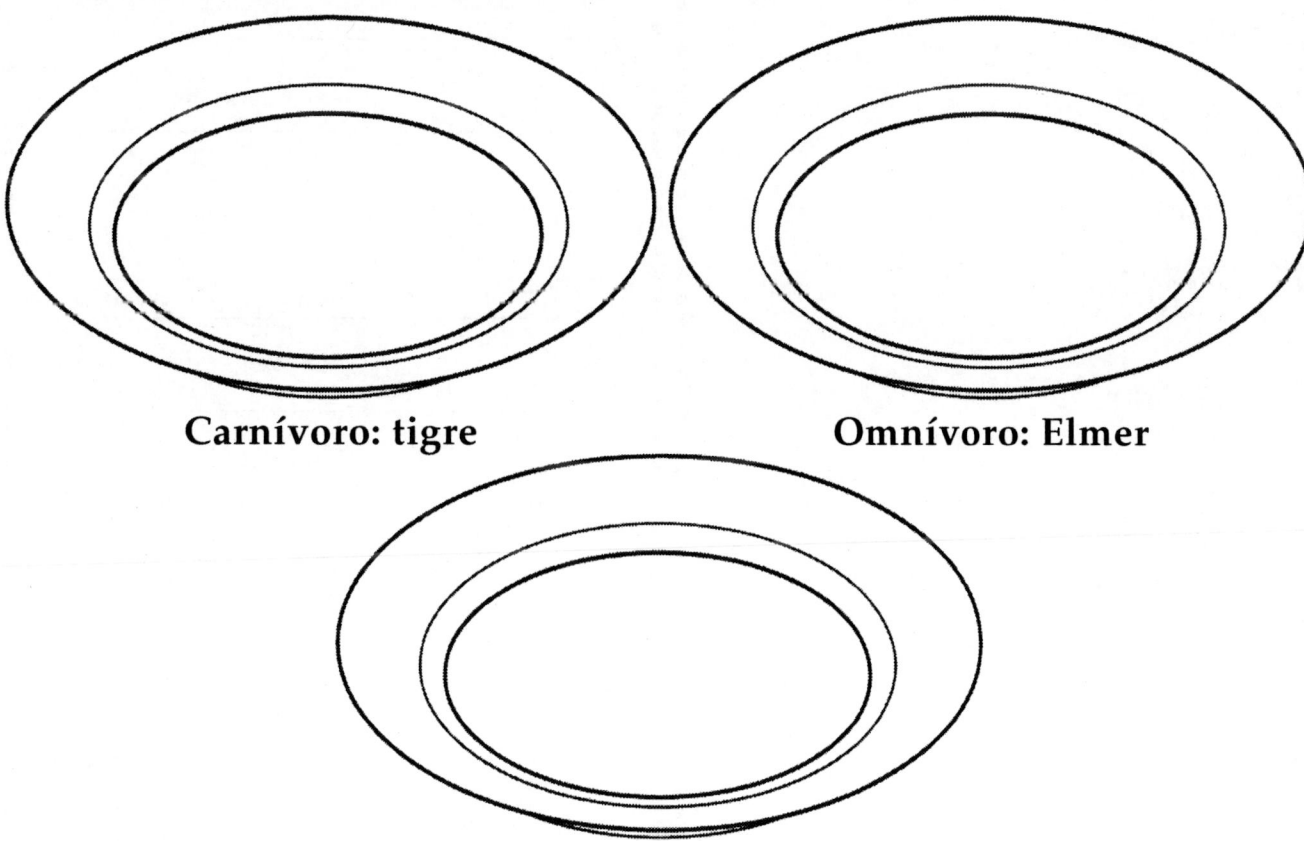

Carnívoro: tigre   Omnívoro: Elmer

Herbívoro: rinoceronte

Aprendizaje del lenguaje: ortografía

Instrucciones: Algunas de las palabras en esta página están mal escritas. Revisa la ortografía y corrige las palabras con faltas de ortografía. Luego, vuelve a escribir las palabras en orden alfabético.

¡Pistas del lenguaje!

- Para poner las palabras en orden alfabético, empieza con la primera letra de cada palabra.
- Compara las palabras de la izquierda con las de la derecha mientras las pones en orden.

Palabras de esta sección	En orden alfabético
selba	_____
barro	_____
tigers	_____
permiso	_____
ambre	_____
masticar	_____
jabali	_____
drágon	_____
particular	_____
bonito	_____

Nombre _____ Fecha _____

Capítulos 5-6

Elementos del texto: trama

Instrucciones: Completa lo que sucede a continuación en el cuento.

Los tigres hambrientos se emocionan al pensar que van a comerse a un niño tierno. →

Elmer vadea en lo que cree que es una charquita vacía. →

© Shell Education 51753—Instructional Guide: El dragón de papá 39

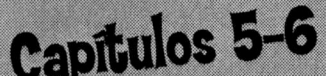

Nombre _____ Fecha _____

Elementos del texto: personajes

Instrucciones: Imagina que eres un tigre o el rinoceronte. Vuelve a escribir una escena desde la perspectiva del animal, enfocándote en lo que sucede cuando encuentra a Elmer. Incluye qué piensa el animal cuando encuentra a Elmer por primera vez, por qué el animal hace lo que Elmer le dice y cómo se siente el animal cuando se da cuenta de que lo han engañado.

_____
_____
_____
_____
_____
_____
_____
_____
_____
_____
_____
_____

Teacher Plans—Section 4
Chapters 7–8

Vocabulary Overview

Key words and phrases from this section are provided below with definitions and sentences about how the words are used in the story. Introduce and discuss these important vocabulary words with students. If you think these words or other words in the story warrant more time devoted to them, there are suggestions in the introduction for other vocabulary activities (page 5).

Palabra	Definición	Oración sobre el texto
a cuatro patas (c. 7)	con pies y manos en el suelo	Elmer se acercó **a cuatro patas** a mirar al león.
enmarañada (c. 7)	muy enredada	El león trae la melena **enmarañada**.
despeinadas (c. 7)	con el pelo desarreglado	La madre del león no soporta las melenas **despeinadas**.
mechón (c. 7)	porción de pelos	Elmer trenza el **mechón** de la frente para enseñárselo al león.
entusiasmado (c. 7)	con muchas ganas	El león se puso a cepillarse la melena muy **entusiasmado**.
pavoneándose (c. 7)	moverse de manera exagerada y presumida	La leona pasa **pavoneándose**.
majestuosos (c. 8)	superiores a los demás	La leona se da aires **majestuosos**.
milagrosas (c. 8)	que hacen cosas maravillosas	Las monitas piensan que las lupas son **milagrosas**.
frenética (c. 8)	muy rápida y sin cuidado	Las monitas retoman su **frenética** caza de pulgas del gorila.
manglar (c. 8)	lugar donde hay árboles que viven en agua salada	Muchas monitas salen de un **manglar** para observar las pulgas a través de las lupas.

Actividad del vocabulario

Instrucciones: Completa cada oración con una de las palabras del vocabulario.

Palabras del cuento

a cuatro patas	enmarañada	despeinada	mechón	entusiasmado
pavoneándose	majestuosos	milagrosas	frenética	manglar

1. El león no soporta una melena _____.

2. Elmer observa que la leona pasa _____.

3. Las monitas piensan que las lupas son _____.

4. Las monitas retoman su _____ caza de pulgas del gorila.

Instrucciones: Responde esta pregunta.

5. ¿Por qué al león no le gusta tener la melena **despeinada**?

_____

_____

_____

Teacher Plans—Section 4
Chapters 7–8

Analyzing the Literature

Provided below are discussion questions you can use in small groups, with the whole class, or for written assignments. Each question is written at two levels so that you can choose the right question for each group of students. For each question, a few key points are provided for your reference as you discuss the book with students.

Story Element	Level 1 Questions for Students	Level 2 Questions for Students	Key Discussion Points
Character	¿Qué deja de recibir el león si a su mamá no le gusta su melena?	¿Qué motivo tiene el león para mantener su melena peinada?	Lion's mother always wants him to have a tidy mane. If she does not approve of his mane, she may not give him his allowance. This makes Lion want to please his mother.
Setting	¿Cómo se siente Elmer respecto a cuán cerca está de encontrar al dragón en el capítulo 8?	¿Qué palabras del texto describen cómo se siente Elmer en el capítulo 8?	Elmer sees a sign pointing in the direction for "Dragon Ferry," and he sees Lion's mother. This makes him think that he is close to the dragon, but he soon realizes that he must be on the wrong side of the river.
Plot	¿Qué problema enfrenta el gorila?	¿Qué palabras del capítulo 8 explican cómo se siente el gorila?	All the fleas on Gorilla frustrate him. He can feel them, but they are too small to see. He cannot get his work done with all the fleas bothering him.
Character	¿De qué manera los suministros de la mochila de Elmer le ayudan a engañar a cada animal?	Explica el patrón que observas respecto a cómo resuelve Elmer cada problema que enfrenta con los animales.	Each animal has some reason why he is not happy. Elmer uses the supplies in his knapsack to make the animal feel better. The animal then becomes so busy that Elmer is able to escape.

Capítulos 7-8

Nombre _____ Fecha _____

Reflexión del lector

Piensa

Piensa en las cosas que haces para que los demás estén orgullosos de ti.

Tema de escritura narrativa

El león está inquieto porque quiere hacer feliz a su madre. Describe un momento en el que te esforzaste mucho para que alguien estuviera orgulloso de ti.

_____
_____
_____
_____
_____
_____
_____
_____
_____
_____

Capítulos 7-8

Nombre _____ **Fecha** _____

Lectura enfocada guiada

Lee con atención el párrafo al principio del capítulo 8 que describe el cruce de caminos que encuentra Elmer. Empieza con: "Al cabo de un rato llegó a un cruce de caminos...". Detente en: "Debía de haber cruzado al otro lado".

Instrucciones: Piensa en estas preguntas. En los espacios, escribe ideas o haz dibujos mientras piensas. Prepárate para compartir tus respuestas.

❶ Observa la imagen para determinar hacia qué dirección debería dirigirse Elmer para encontrarse con el dragón.

❷ ¿Qué evidencia del texto describe por qué la madre del león no se fija en Elmer?

❸ Basándote en los sucesos del cuento hasta ahora, describe una posible aventura que podría tener Elmer si eligiera la dirección equivocada.

Capítulos 7-8

Nombre _____ Fecha _____

Relacionarse: biomas de la Tierra

Instrucciones: Este cuento se desarrolla en la selva. Elige otro bioma para este cuento. Por ejemplo, podrías elegir el ártico, el océano o el desierto. Luego, escribe una aventura que podría tener Elmer con un animal de ese nuevo escenario.

_____
_____
_____
_____
_____
_____
_____
_____
_____
_____
_____
_____
_____
_____
_____

Nombre _____ Fecha _____

Capítulos 7-8

Aprendizaje del lenguaje: aliteración

Instrucciones: El gorila odia las pulgas. Pide la ayuda de seis monitas: Rosa, Rafaela, Raquel, Rita, Renata y Roberta. Cada nombre empieza con *R*. Los buenos escritores a veces usan la aliteración para que sus escritos sean más interesantes. Intenta escribir tus propias oraciones con aliteración sobre estos personajes.

¡Pistas del lenguaje!

- La aliteración es cuando las palabras empiezan con la misma letra.
- Las palabras cortas o que no son importantes pueden empezar con otras letras.

Ejemplo: El jabalí jadea al comer jícamas y jamón con júbilo.

Elmer _____

Tigres _____

León _____

Gorila _____

Dragón _____

Capítulos 7-8

Nombre _____ Fecha _____

Elementos del texto: trama

Instrucciones: Los sucesos de un cuento forman parte de la trama del cuento. Completa los sucesos de este cuento que faltan.

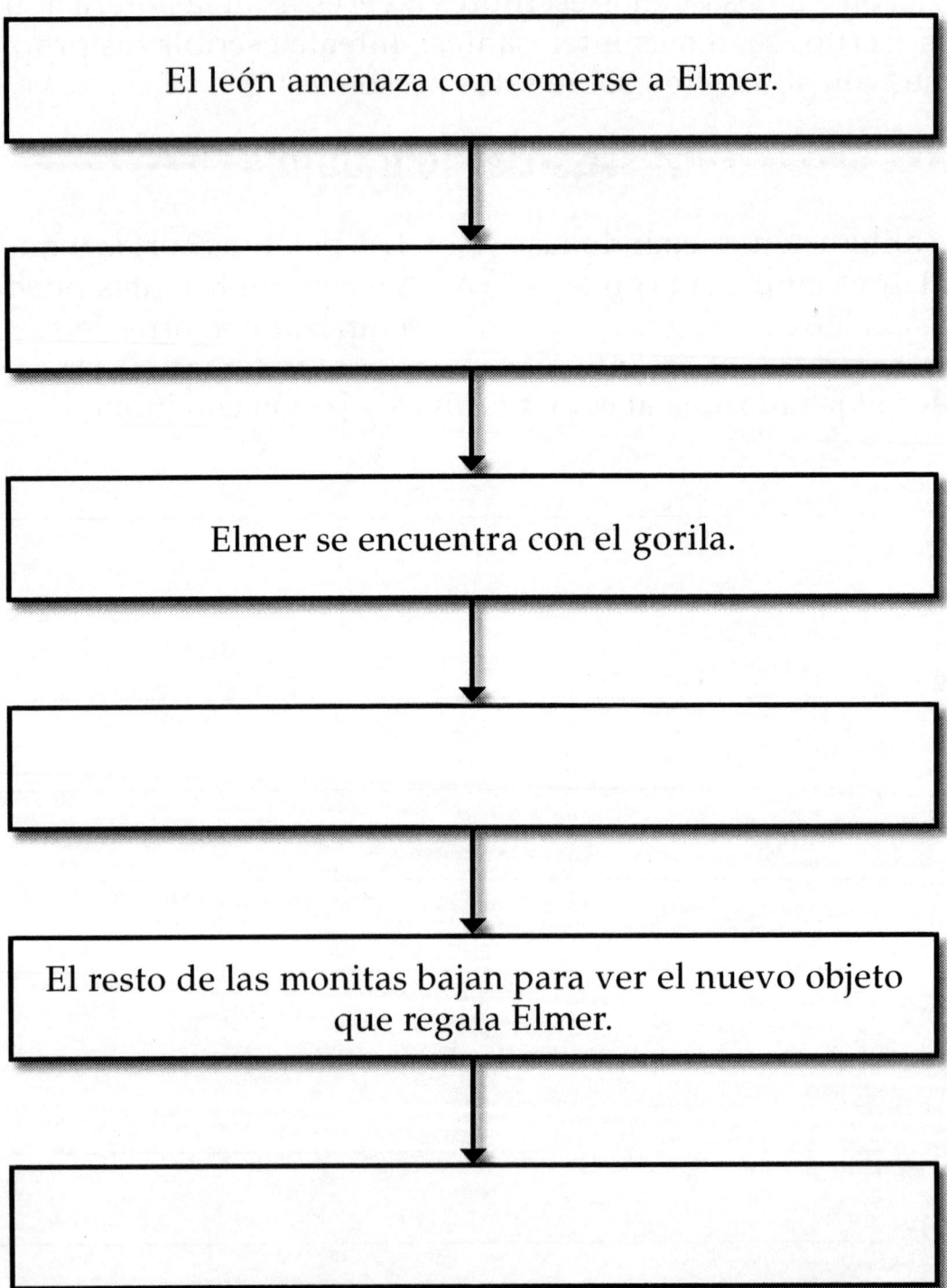

| El león amenaza con comerse a Elmer. |
| ↓ |
| |
| ↓ |
| Elmer se encuentra con el gorila. |
| ↓ |
| |
| ↓ |
| El resto de las monitas bajan para ver el nuevo objeto que regala Elmer. |
| ↓ |
| |

Nombre _____ Fecha _____

Capítulos 7-8

Elementos del texto: personaje

Instrucciones: Haz un dibujo que muestre cómo piensas que reaccionará la madre del león cuando vea su melena trenzada. Escribe una leyenda debajo del dibujo.

_____

_____

Teacher Plans—Section 5
Chapters 9–10

Vocabulary Overview

Key words and phrases from this section are provided below with definitions and sentences about how the words are used in the story. Introduce and discuss these important vocabulary words with students. If you think these words or other words in the story warrant more time devoted to them, there are suggestions in the introduction for other vocabulary activities (page 5).

Palabra	Definición	Oración sobre el texto
manivela (c. 9)	mango; empuñadura de una máquina	Una **manivela** grande se podía accionar para traer al dragón.
mástil (c. 9)	el palo de una bandera o de un barco	La cuerda pasaba por una anilla que había en lo alto del **mástil**.
comportamiento inapropiado (c. 9)	manera de actuar que no es adecuada	En caso de **comportamiento inapropiado**, avise al gorila.
pálida (c. 9)	de color poco intenso	Salió una luna **pálida** y Elmer pudo ver de dónde venía el cocodrilo.
ató (c. 9)	unió con nudos	Elmer **ató** más piruletas a las colas de los cocodrilos.
furibundo (c. 10)	aún más enojado que furioso	Oyó a un rinoceronte **furibundo**.
frenéticos (c. 10)	extremadamente enojados	Oyó a dos leones **frenéticos**.
despotricar (c. 10)	hablar mucho criticando a los demás	Oyó a un gorila que no paraba de **despotricar**.
griterío (c. 10)	muchas voces que hablan fuerte	El **griterío** de los animales se hizo más intenso.
encaramados (c. 10)	que están en un lugar difícil de alcanzar	Elmer ve a los animales **encaramados** a la fila de cocodrilos.

Capítulos 9–10

Nombre _____ Fecha _____

Actividad del vocabulario

Instrucciones: Practica tu vocabulario y tus destrezas de escritura. Escribe al menos tres oraciones usando palabras del cuento. Asegúrate de que tus oraciones muestren lo que significan las palabras.

Palabras del cuento

manivela	mástil	comportamiento inapropiado	pálida	ató
furibundo	frenéticos	despotricar	griterío	encaramados

_____

_____

_____

_____

_____

_____

Instrucciones: Responde esta pregunta.

1. ¿Porqué están **frenéticos** y **furibundos** los animales al final del cuento?

_____

_____

Teacher Plans—Section 5
Chapters 9–10

Analyzing the Literature

Provided below are discussion questions you can use in small groups, with the whole class, or for written assignments. Each question is written at two levels so you can choose the right question for each group of students. For each question, a few key points are provided for your reference as you discuss the book with students.

Story Element	Level 1 Questions for Students	Level 2 Questions for Students	Key Discussion Points
Character	¿Cómo se siente el dragón cuando ve a Elmer?	¿Cómo reacciona el dragón ante el rescate de Elmer?	The dragon is excited. He encourages Elmer to hurry and calls to say where he is located. Also, once cut free, the dragon runs in circles and tries to turn a somersault.
Plot	¿Qué nuevo problema enfrenta Elmer cuando encuentra el cartel del ferry del dragón?	Describe el dilema de Elmer cuando localiza el cartel del ferry del dragón.	Elmer is unsure how to get the dragon's attention without being too loud. He needs to find a way to cross the river to tell the dragon he is there.
Setting	¿Por qué Elmer no puede caminar en el río?	¿Cómo te hace saber la autora que Elmer no quiere caminar en el río?	Elmer thinks the river is too muddy to walk through. He would not be able to make it to the other side. He is also scared about what unknown things might be in the river.
Plot	¿Cómo utiliza Elmer las piruletas que empacó?	Explica la importancia de las piruletas que había empacado Elmer en su mochila.	Elmer uses the lollipops to create a bridge out of the crocodiles so he can cross the river. Then, the moody first crocodile starts swimming down the river. The other crocodiles want to finish their lollipops so they follow. This causes the "crocodile bridge" to carry all the other animals away down the river.

Nombre _____ Fecha _____

Capítulos 9-10

Reflexión del lector

Piensa

Piensa en un momento en el que hayas resuelto un problema difícil. ¿Cómo descubriste la solución?

Tema de escritura informativa/explicativa

Describe los pasos que tomas para resolver problemas difíciles. ¿Qué haces para pensar en soluciones y luego elegir la mejor solución?

_____
_____
_____
_____
_____
_____
_____
_____
_____
_____

Capítulos 9-10

Nombre _____ Fecha _____

Lectura enfocada guiada

Observa la imagen al final del capítulo 10. Luego, relee con atención las últimas dos páginas del libro.

Instrucciones: Piensa en estas preguntas. En los espacios, escribe ideas o haz dibujos mientras piensas. Prepárate para compartir tus respuestas.

❶ Usa detalles de la imagen para describir lo que les ha sucedido a todos los animales en la isla Salvaje.

❷ Basándote en los sucesos del cuento, ¿cómo crees que se siente Elmer ahora que ha alcanzado su sueño de volar?

❸ Usa lo que sabes sobre la madre de Elmer para predecir lo que les sucedería a Elmer y al dragón si regresaran a la casa de Elmer.

Nombre _____ Fecha _____

Capítulos 9-10

Relacionarse: palabras que riman

Instrucciones: Cuando escribes una canción o un poema, puedes hacer que algunas palabras rimen. Normalmente, las palabras que riman están al final de los versos. Escribe una canción o un poema que describa el área donde se guarda al dragón. Crea al menos tres pares de palabras que rimen en tu canción o tu poema.

Capítulos 9-10

Nombre _____ Fecha _____

Aprendizaje del lenguaje: sinónimos sazonados

Los sinónimos son palabras que tienen casi el mismo significado. Los buenos escritores usan sinónimos para añadir emoción a sus obras. Ruth Stiles Gannett usa los sinónimos *furiosos, furibundo, enfurecidísimos* y *despotricar* para describir a los animales cuando se dan cuenta de que se les escapa el dragón.

Instrucciones: Crea un tesauro con tus propias hojas de papel. Un tesauro es un libro que contiene sinónimos de las palabras. Usa al menos cuatro palabras del cuento. Algunas sugerencias de palabras aparecen a continuación.

Cada página de tu tesauro debe tener lo siguiente:

- la palabra original en la parte superior
- una oración en la que se usa uno de los sinónimos
- una lista de al menos dos sinónimos
- una imagen que represente la palabra original

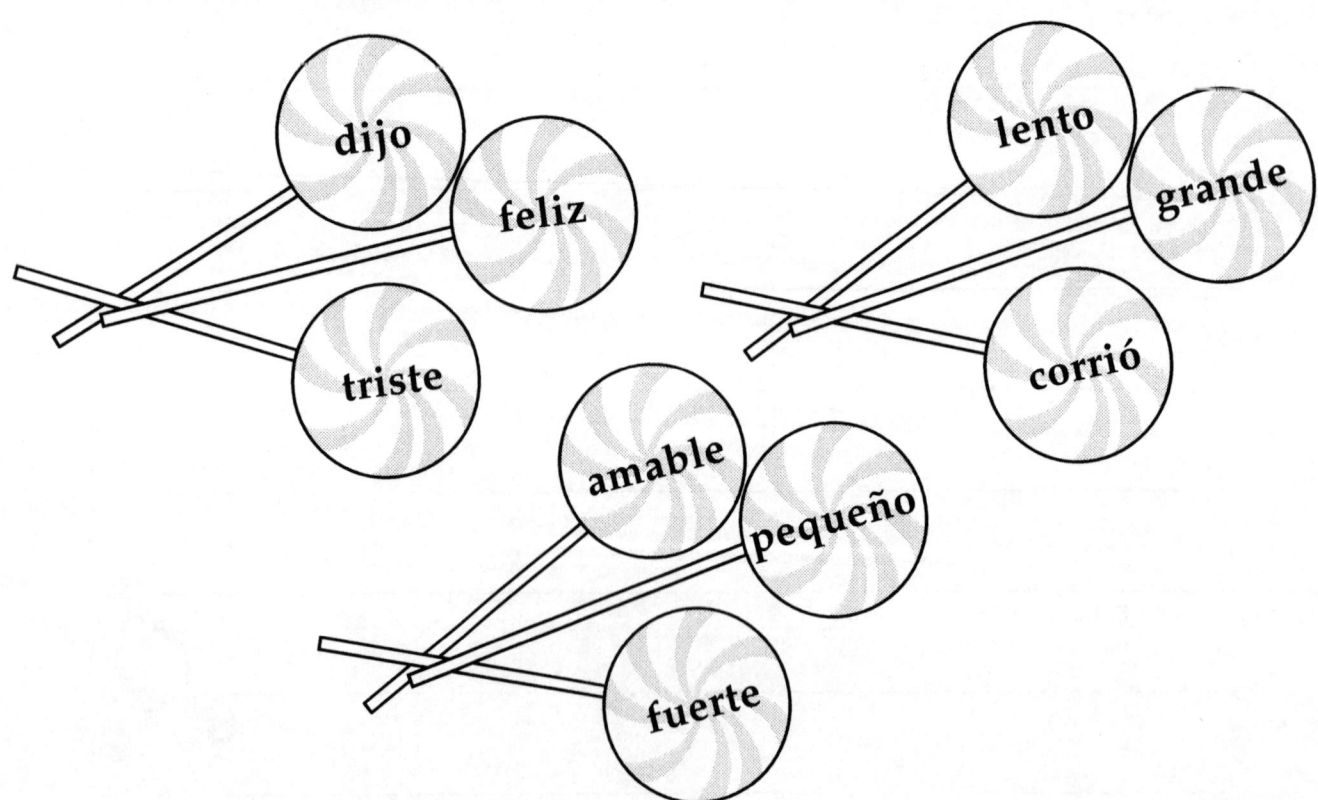

Nombre _____ Fecha _____

Capítulos 9-10

Elementos del texto: personaje

Instrucciones: Escríbele una carta al gorila para persuadirlo de liberar al dragón. Tu carta debe enumerar las razones por las cuales es injusto tener atado al dragón y por qué podría ser provechoso dejarlo en libertad.

Amable gorila:

_____

_____

_____

_____

_____

_____

_____

_____

_____

                                                        _____

                                                        _____

Capítulos 9-10

Nombre _____ Fecha _____

Elementos del texto: trama

Instrucciones: ¿Y si Elmer no hubiera tenido las piruletas en su mochila para engañar a los cocodrilos y cruzar el río? Piensa en otra manera en la que Elmer podría haber cruzado el río. Haz un dibujo de la nueva solución. Escribe un título para tu dibujo.

Nombre _____ Fecha _____

Actividades de la poslectura

Poslectura: pensamientos sobre el tema

Instrucciones: Elige un personaje principal de *El dragón de papá*. Imagínate que eres ese personaje. Dibuja una carita feliz o una carita triste para mostrar qué piensa el personaje sobre cada afirmación. Luego, describe qué piensa el personaje.

Personaje que elegí: _____

Afirmación	¿Qué piensa el personaje? 😊 ☹	¿Por qué piensa de esta manera el personaje?
Ayudar a otros es muy importante.		
Hacer que los demás hagan tu trabajo es justo.		
Si tienes miedo, no eres valiente.		
Es mejor resolver los problemas con inteligencia que con violencia.		

Actividades de la poslectura

Nombre _____ Fecha _____

Actividad culminante: mi propio dragón

Instrucciones: Work with students to help them choose one of the following activities. Most likely, these activities will require adult assistance to complete. The masks on pages 61–63 may be fun for students to use as they perform these different activities. Also included, on page 63, are body outlines for Elmer and the dragon in case students want to use these in their activities.

- Escribe un cuento parecido a *El dragón de papá*. Pero esta vez haz como si estuvieras salvando un animal, el que tú quieras, del zoológico. ¿A qué problemas te enfrentarías? ¿Cómo resolverías los problemas así como lo hizo Elmer? Intenta que tu cuento sea un reflejo del libro. Publica tu cuento en un libro e incluye ilustraciones.

- Crea un modelo 3D de la isla Salvaje y sus personajes. Puedes usar materiales como cartulina, hojas, ramas, arcilla, palitos de helado o cualquier otra cosa que sea útil para mostrar el escenario y a los personajes del cuento. Luego, usa este modelo como escenario para representar el cuento mostrando cómo Elmer engañó a los animales para finalmente rescatar al dragón.

- Escribe el guion para una obra de teatro leída que represente en orden los acontecimientos del libro. Luego, usa las máscaras o las marionetas de palo de las páginas 61–63. También puedes hacer máscaras para los distintos animales del cuento. Las máscaras deben ser decoradas para mostrar las marcas y los colores de cada animal. Una vez que termines el guion, representa la obra de teatro leída con un grupo de amigos.

Actividades de la poslectura

Actividad culminante: mi propio dragón (cont.)

Elmer

Actividades de la poslectura

Actividad culminante: mi propio dragón (cont.)

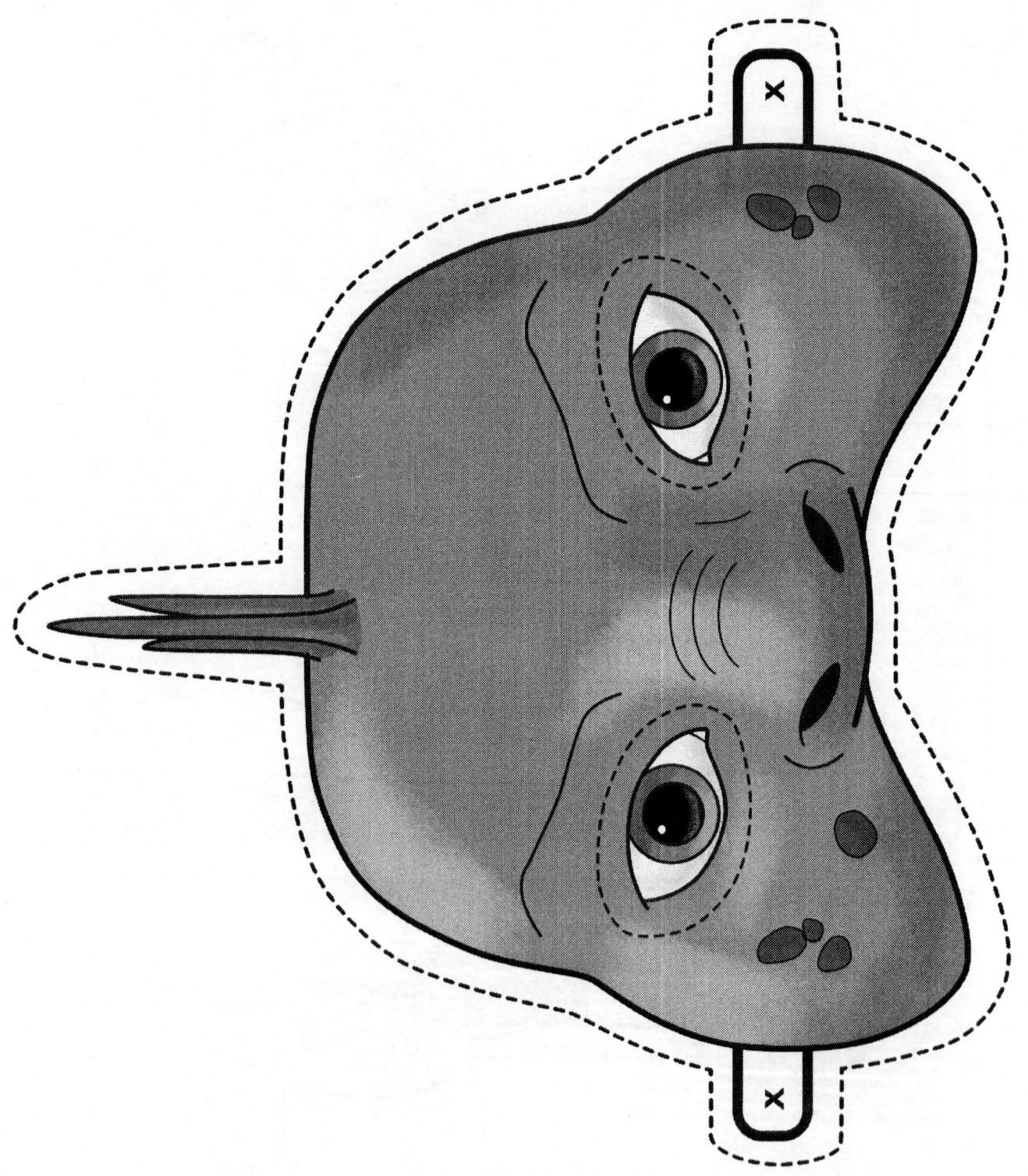

El dragón

Actividades de la poslectura

Actividad culminante: mi propio dragón (cont.)

Actividades de la poslectura

Nombre _____ Fecha _____

Evaluación de la comprensión

Instrucciones: Llena la burbuja de la mejor respuesta para cada pregunta.

Capítulos 1–2

1. ¿Qué cita del libro muestra lo perezosos que son los animales?

    (A) "Sus problemas para cruzar el río se iban a acabar".

    (B) "...no soportaban tener que rodear el río para pasar de un lado de la isla al otro".

    (C) "Sus únicos amigos son los cocodrilos...".

    (D) "¡Anda! ¡Pero si esto es justo lo que hemos necesitado durante todos estos años!".

Capítulos 3–4

2. ¿Por qué no se rinde Elmer si el viaje a la isla es tan difícil?

    (E) Él quiere viajar y ver la isla.

    (F) No quiere regresar a casa.

    (G) El gato le dijo que tenía que ver al dragón.

    (H) Es importante para Elmer rescatar al dragón.

Capítulos 5–6

3. ¿Qué demuestra lo infelices que están los animales de que Elmer esté en su isla?

    (A) Los animales siguen tratando de capturar a Elmer y lastimarlo.

    (B) Los animales obligan al dragón a transportarlos sobre el río.

    (C) El jabalí es muy mandón con los demás animales.

    (D) El ratón sigue equivocándose con sus palabras.

Evaluación de la comprensión *(cont.)*

Capítulos 7–8

4. Describe lo servicial que es Elmer tanto con el león como con el gorila.

_____

_____

_____

_____

_____

_____

_____

Capítulos 9–10

5. ¿Cuál demuestra que a Elmer y al dragón no les gusta la isla?

- (A) "...mientras el dragón se elevaba sobre la oscura selva...".
- (B) "...emprenderemos el largo viaje de regreso a casa".
- (C) "...nada en el mundo iba a obligarlos jamás a volver a la isla Salvaje".
- (D) "Mientras papá y el dragón sobrevolaban las Rocas del Mar...".

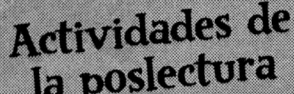

Nombre _____ **Fecha** _____

Reflexión sobre la literatura: el carácter importa

Instrucciones: Aunque los animales trataron de lastimar a Elmer, él nunca los lastimó a ellos. Elmer es un héroe amable porque rescata al dragón sin lastimar a ningún animal. Elige tu manera favorita en la que Elmer demuestra amabilidad a uno de los animales. Haz un dibujo de esa escena de manera clara y colorida. Luego, usa esa misma escena para contestar las preguntas de la siguiente página.

Nombre _____ Fecha _____

Actividades de la poslectura

Reflexión sobre la literatura: el carácter importa (cont.)

1. ¿De qué manera Elmer demuestra amabilidad en esta escena?

   _____
   _____
   _____
   _____

2. ¿Por qué es tu escena favorita?

   _____
   _____
   _____
   _____

3. ¿Por qué es importante siempre demostrar amabilidad?

   _____
   _____
   _____
   _____

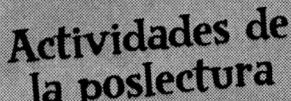

Nombre _____ Fecha _____

Pauta: Reflexión sobre la literatura

Instrucciones: Use esta pauta para evaluar las respuestas de los estudiantes.

Fantástico trabajo	Bien hecho	Sigue intentándolo
☐ Contestaste las tres preguntas de manera completa. Incluiste muchos detalles.	☐ Contestaste las tres preguntas.	☐ No contestaste las tres preguntas.
☐ Tu caligrafía es fácil de leer. No hay errores de ortografía.	☐ Podrías mejorar tu caligrafía. Hay algunos errores de ortografía.	☐ Tu caligrafía no se puede leer muy fácilmente. Hay muchos errores de ortografía.
☐ Tu dibujo es claro y está coloreado completamente.	☐ Tu dibujo es claro y una parte está coloreada.	☐ Tu dibujo no es muy claro o no está completamente coloreado.
☐ La creatividad es evidente tanto en el dibujo como en el escrito.	☐ La creatividad es evidente en el dibujo o en el escrito.	☐ No hay mucha creatividad ni en el dibujo ni en el escrito.

Comentarios del maestro: _____

_____

_____

Hoja para escribir 1

Nombre _____ Fecha _____

Hoja para escribir 2

Nombre _____ Fecha _____

Answer Key

The responses provided here are just examples of what students may answer. Many accurate responses are possible for the questions throughout this unit.

Vocabulary Activity—Section 1:
Capítulos 1–2 (page 15)
1. La isla Salvaje estaba **habitada** por los animales.

Guided Close Reading—Section 1:
Capítulos 1–2 (page 18)
1. Students need to reference the list of items and write a relevant prediction.
2. Elmer packs household items rather than weapons. He is brave for thinking that ribbons, toothpaste, and other everyday items will keep him safe from wild animals.
3. Students should compare their own ideas with the list of items actually packed.

Making Connections—Section 1:
Capítulos 1–2 (page 19)
1. 1 + 1 + 7 = 9 artículos
- Students should compose word problems using data provided on the page. Students should also employ proper sentence structure, correct punctuation, and appropriate word choice when writing a solvable word problem.

Language Learning—Section 1:
Capítulos 1–2 (page 20)
- Students should use the illustration and the details from chapter 2 to describe the physical and character traits of the dragon using adjectives.

Vocabulary—Section 2:
Capítulos 3–4 (page 24)
- Elmer se va de viaje a causa del gato **extraordinario**.
- Mientras se acerca Elmer a la isla Salvaje, el **rugido** de los ronquidos de la ballenita se hace más fuerte.
- Nunca llega tarde a una cita importante, por lo que el comerciante es un hombre **puntual**.
- Al ratón se le considera de poco **fiar**, así que los animales no le creen.
- **Solemnes** y nerviosos, los animales hablan de la posibilidad de un intruso en la isla.
1. La **invasión** por la cual se preocupan los animales es realmente Elmer, quien llega a la isla.

Guided Close Reading—Section 2:
Capítulos 3–4 (page 27)
1. A Elmer se le escucha estornudar. Tiene que fingir ser el mono. Luego, casi pasa andando entre dos jabalíes.
2. "...de haberse producido una invasión, ¡yo mismo la habría visto!".
3. Realmente quiere rescatar al dragón para que ya no lo lastimen. También, Elmer quiere volar.

Making Connections—Section 2:
Capítulos 3–4 (page 28)

Bienes	Servicios
trigo	embarcar un barco
mandarinas	hornear pan
pesca	entregar sacos
arándanos	cultivar maíz

Story Elements—Section 2:
Capítulos 3–4 (page 30)
- **isla Salvaje:** Solo los animales viven allí. Tiene un dragón. No hay mandarinos. El río casi la divide en dos.
- **Semejanzas:** Ambas son islas, y tienen árboles y rocas.
- **isla Mandarina:** Los humanos viven allí. Tiene muelles y muchos mandarinos.

Vocabulary Activity—Section 3:
Capítulos 5–6 (page 33)
- Elmer camina por la **orilla** del río.
- La selva es demasiado **tupida** como para pasar con facilidad.
- Siete tigres rodean a Elmer mientras está en un **claro**.
- Los tigres están masticando chicle, así que los animales **sospechan** que hay una invasión.
- Elmer **vadea** una charquita sin saber lo que hay dentro.
- La **penumbra** de la selva impide que el rinoceronte vea su cuerno.

Guided Close Reading—Section 3:
Capítulos 5–6 (page 36)
1. Elmer most likely feels tired and unsure if this is a good idea, and he wonders what might happen next.

Answer Key

2. Phrases from the book include: *lúgubre, tupido, hojas pegajosas, lodo asqueroso, se tropezaba con raíces, no podía pasar entre los árboles*. Students may pull more phrases from the pages that describe a difficult setting for walking.
3. Elmer keeps going and doesn't give up. He isn't scared off by the animals.

Making Connections—Section 3:
Capítulos 5–6 (page 37)
- **Carnívoros:** Students should draw and label any meat food items.
- **Omnívoros:** Students should draw and label both meat and plant food items.
- **Herbívoros:** Students should draw and label any plant food items.

Language Learning—Section 3:
Capítulos 5–6 (page 38)
- The words in alphabetical order and spelled correctly are: *barro, bonito, dragón, hambre, jabalí, masticar, particular, permiso, selva, tigres*.

Story Elements—Section 3:
Capítulos 5–6 (page 39)
1. **Elmer ofrece chicles a los tigres.**
2. **Elmer le da pasta de dientes al rinoceronte para que limpie su cuerno sucio.**

Vocabulary Activity—Section 4:
Capítulos 7–8 (page 42)
1. El león no soporta una melena **enmarañada**.
2. Elmer observa que la leona pasa **pavoneándose**.
3. Las monitas piensan que las lupas son **milagrosas**.
4. Las monitas retoman su **frenética** caza de pulgas del gorila.
5. El león quiere tener la melena **peinada** para agradar a su madre y para recibir la paga.

Guided Close Reading—Section 4:
Capítulos 7–8 (page 45)
1. Debe dirigirse a la derecha, hacia el "Ferry del dragón".
2. La leona está tan enfrascada pavoneándose con la nariz en el aire que no se fija en Elmer.
3. Students should write an adventure that relates to the other signs labeled as "Nacimiento del río" or "Rocas del mar."

Story Elements—Section 4:
Capítulos 7–8 (page 48)
- El león amenaza con comerse a Elmer.
- **Elmer le enseña al león cómo trenzar su melena para que no esté despeinada.**
- Elmer se encuentra con el gorila.
- **Elmer le ofrece al gorila una lupa para que vea las pulgas con mayor facilidad.**
- El resto de las monitas bajan para ver el nuevo objeto que regala Elmer.
- **El gorila y las monitas están demasiado ocupados cazando pulgas como para darse cuenta de que Elmer huye.**

Vocabulary Activity—Section 5:
Capítulos 9–10 (page 51)
1. Están **frenéticos** y **furibundos** al ver que se escapa el dragón porque ya no pueden ser perezosos.

Guided Close Reading—Section 5:
Capítulos 9–10 (page 54)
1. The animals are all on the backs of the crocodiles and riding down the river.
2. Elmer most likely feels thrilled, excited, and proud for finally realizing his dream of flying.
3. Students should describe how Elmer's mother may react when he brings home a dragon. Student responses may vary, but they should make sense with what we know about the characters.

Comprehension Assessment
(pages 64–65)
1. B. "…no soportaban tener que rodear el río para pasar de un lado de la isla al otro".
2. H. Es importante para Elmer rescatar al dragón.
3. A. Los animales siguen tratando de capturar a Elmer y lastimarlo.
4. Elmer le ayuda al león al mostrarle cómo peinar su melena, lo cual es importante porque su madre viene de visita. Elmer le ayuda al gorila al darles a las monitas lupas para ver mejor las pulgas que molestan tanto al gorila.
5. C. "…nada en el mundo iba a obligarlos jamás a volver a la isla Salvaje".